A PERGUNTA DE MILHÕES
PASSADO, PRESENTE E FUTURO

Editora Appris Ltda.
1.ª Edição - Copyright© 2025 da autora
Direitos de Edição Reservados à Editora Appris Ltda.

Nenhuma parte desta obra poderá ser utilizada indevidamente, sem estar de acordo com a Lei nº 9.610/98. Se incorreções forem encontradas, serão de exclusiva responsabilidade de seus organizadores. Foi realizado o Depósito Legal na Fundação Biblioteca Nacional, de acordo com as Leis nºs 10.994, de 14/12/2004, e 12.192, de 14/01/2010.

Catalogação na Fonte
Elaborado por: Dayanne Leal Souza
Bibliotecária CRB 9/2162

E844c 2025	Ethiénne, Katia 　　Como não ir à escola?: a pergunta de milhões! Passado, presente e futuro! / Katia Ethiénne ; ilustrações de Max Ribeiro. - 1. ed. – Curitiba: Appris, 2025. 　　135 p. : il. ; 23 cm. 　　ISBN 978-65-250-4093-6 　　1. Transformação. 2. Tecnologias. 3. Desafios. 4. Autoconhecimento. 5. Reflexão. 6. Aprendizagem. 7. Conhecimento. I. Ethiénne, Katia. II. Ribeiro, Max. III. Título. 　　　　　　　　　　　　　　　　　　　　　　　　CDD – 370.152 3

Editora e Livraria Appris Ltda.
Av. Manoel Ribas, 2265 – Mercês
Curitiba/PR – CEP: 80810-002
Tel. (41) 3156 - 4731
www.editoraappris.com.br

Printed in Brazil
Impresso no Brasil

KATIA ETHIÉNNE

ILUSTRAÇÕES DE **MAX RIBEIRO**

COMO NÃO IR À ESCOLA?

A PERGUNTA DE MILHÕES
PASSADO, PRESENTE E FUTURO

artêra
editorial

Curitiba, PR
2025

FICHA TÉCNICA

EDITORIAL	Augusto V. de A. Coelho
	Sara C. de Andrade Coelho
COMITÊ EDITORIAL	Marli Caetano
	Andréa Barbosa Gouveia (UFPR)
	Edmeire C. Pereira (UFPR)
	Iraneide da Silva (UFC)
	Jacques de Lima Ferreira (UP)
SUPERVISORA EDITORIAL	Renata C. Lopes
PRODUÇÃO EDITORIAL	Daniela Nazario
REVISÃO	Monalisa Morais Gobetti
DIAGRAMAÇÃO	Andrezza Libel
	Jibril Keddeh
CAPA	Mateus de Andrade Porfírio
REVISÃO DE PROVA	Jibril Keddeh

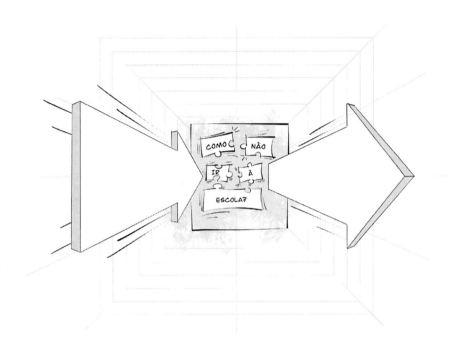

COMO NÃO IR À ESCOLA

> **Escolas não são prédios, são pessoas. Elas aprendem em qualquer lugar.**
>
> José Pacheco

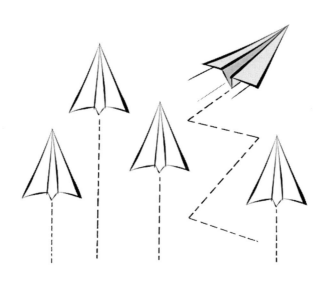

AGRADECIMENTOS

Este livro é um sonho realizado, é fruto de uma jornada colaborativa e encantadora, e tenho muitos a agradecer.

À minha família, pelo amor incondicional e apoio constante, sabem que são minha luz e inspiração diária.

A Deus, que me ensina todos os momentos que "Assim que, se alguém está em Cristo, nova criatura é: as coisas velhas já passaram; eis que tudo se fez novo" (2 Coríntios 5:17).

Ao meu amigo e talentoso ilustrador Max Ribeiro, por trazer vida às ideias deste livro, sua arte tornou esta obra ainda mais especial.

Aqueles que fizeram as leituras prévias e me agraciaram com suas percepções sobre cada ideia deste livro.

Aos educadores e pensadores que influenciaram meu caminho e cujas palavras ecoam nestas páginas.

Aos meus leitores, colegas professores, estudantes que, com suas perguntas, reflexões e feedbacks, enriquecem continuamente meu trabalho e me motivam a seguir explorando novos horizontes na Educação.

A todos vocês, minha profunda gratidão. Este livro é um reflexo da certeza de que aprender é um processo contínuo, cheio de possibilidades infinitas para a criação de FUTUROS mais incríveis.

Aos curiosos e inquietos, que questionam e buscam novas formas de aprender e crescer.

Aos pais e educadores, que desejam nutrir o potencial único de cada criança e jovem, reconhecendo que a educação vai muito além das paredes da escola.

Aos estudantes, que encontram nas páginas deste livro um convite para explorar, refletir e descobrir seu próprio caminho no vasto mundo do conhecimento.

Aos visionários e inovadores, que enxergam a educação como uma jornada contínua e multifacetada, onde cada dia é uma nova oportunidade de aprender e criar.

Este livro é para vocês. Que ele inspire a coragem de aprender de formas novas e inesperadas, e que cada página desperte a chama da curiosidade e da paixão pelo conhecimento.

Com todo o meu carinho e esperança no futuro da educação,

Katia Ethiénne.

PREFÁCIO 1

Como não ir à escola? é um livro vibrante e envolvente! Com uma abordagem leve, prática e enriquecedora, ele nos desafia e ensina a pensar criticamente. Um dos grandes diferenciais desta obra é que ela não busca nos dizer o que pensar, mas sim "como pensar" sobre o que desejamos aprender.

Escrito em um tom amigável, quase como um passatempo, este livro oferece ferramentas indispensáveis para o aprendizado contemporâneo. É uma leitura voltada para curiosos, inconformados e questionadores, proporcionando uma jornada de autodescoberta e conhecimento.

Um grande mestre é reconhecido por sua habilidade de tornar o conhecimento acessível e compreensível para outros, e Kátia Ethiénne exemplifica isso com maestria. Sua paixão pelo ensino transparece em cada página, guiando-nos do conhecimento teórico à aplicação prática na vida cotidiana.

A mensagem clara deste livro é que todos devemos estar constantemente aprendendo, mas ele vai além, e fornece as ferramentas necessárias para desenvolver nosso pensamento crítico. Essa leitura propõe uma forma colaborativa e encantadora de aprendizado, desconstruindo o antigo modelo de educação e promovendo uma jornada interativa e colaborativa onde o estudante é o protagonista de sua própria aprendizagem.

Agora é a sua vez: abra essas páginas e decida o que você vai aprender hoje.

Deixe-se guiar por esta obra e embarque em uma jornada de aprendizado, descoberta e crescimento pessoal. *Como não ir à escola?* não apenas propõe um novo modelo de educação, mas também coloca você no comando do seu próprio processo de aprendizagem. É hora de explorar, questionar e aprender de maneira interativa e inspiradora. Então, sobre o que você vai aprender hoje?

Boa coisa é saber ser quem está aprendendo, quem ainda não sabe de tudo e está aberto a mudar de ideia.

Allexandra Monteiro
Jornalista, escritora e comunicadora

PREFÁCIO 2

É com grande entusiasmo que apresento este livro, *Como não ir à escola? As melhores respostas para a pergunta de milhões! Passado, presente e futuro!*, escrito por Katia Ethiénne. Este trabalho, fruto da dedicação e paixão de uma educadora cuja inspiração é evidente em cada página, reflete a crença profunda de Katia na importância de questionar e explorar as possibilidades que moldam nossa vida e o contexto em que vivemos.

A educação é um campo tanto desafiador quanto extraordinário. Não se trata apenas de transmitir conhecimento, mas de conectar-se de maneira significativa com o público, despertando um desejo genuíno de aprendizado. Com uma infinidade de ferramentas e metodologias à disposição, a tarefa de ensinar pode ser tanto empolgante quanto complexa. Para um novo professor, um educador experiente, ou até mesmo o estudante, navegar por esse vasto universo pode ser desafiador. Onde encontrar conselhos eficazes e estratégias inovadoras?

Como professora universitária, frequentemente reflito sobre meu papel e busco maneiras de inspirar meus alunos a explorar suas paixões e desenvolver habilidades para enfrentar os desafios do mundo real. Meu objetivo é criar um ambiente de aprendizado inclusivo e estimulante, onde cada um se sinta valorizado e motivado a se tornar a melhor versão de si mesmo.

No mundo atual, sucesso não se resume a um bom salário ou a um cargo de prestígio, mas à realização de um propósito de vida e ao equilíbrio entre diferentes áreas da vida. Este princípio fundamental é explorado de maneira profunda por Katia Ethiénne em seu livro, que nos convida a refletir sobre como a educação pode ser um poderoso agente de transformação pessoal e social.

Nossas habilidades e capacidades são moldadas por uma combinação de características pessoais e pelo ambiente ao nosso redor. O ambiente físico, as interações sociais e as experiências vividas desempenham papéis cruciais no desenvolvimento da nossa mente, que eu gosto de imaginar como uma casa em constante construção. Cada experiência é um tijolo, cada interação, uma camada de tinta, e cada desafio superado, uma nova ala adicionada.

Até os seis anos de idade, a base dessa construção está praticamente concluída, com quase 90% do cérebro já desenvolvido. No entanto, nosso cérebro continua a se adaptar e a se moldar ao longo da vida, um processo conhecido como neuroplasticidade. O desenvolvimento cerebral é dinâmico e em constante evolução, com cada nova experiência contribuindo para a estrutura e funcionalidade dessa "casa".

E como a escola se encaixa nessa construção? Eu vejo a escola como o arquiteto e designer de interiores da nossa mente. Assim como arquitetos e designers criam espaços funcionais e esteticamente agradáveis, a escola ajuda a moldar e enriquecer nosso ambiente de aprendizado. No entanto, o aprendizado não tem limites ou um espaço definido. É um processo contínuo e expansivo.

Paulo Freire nos lembra que a escola não é apenas um lugar de estudo, mas um espaço para construir laços de amizade e convivência. A escola é onde essa casa recebe marcas, risadas, afeto e momentos especiais, como o café da tarde e o cheiro de bolo no forno. Cada interação social é como um espetáculo de fogos de artifício no cérebro, promovendo conexões neurais e desenvolvimento cognitivo e emocional. A socialização ativa neurotransmissores como a oxitocina, essencial para a formação de vínculos e o bem-estar.

No cenário atual, a internet transformou nossa casa virtual em um ponto de encontro para uma vasta gama de pessoas e oportunidades de aprendizado. Esse ambiente digital amplia nosso alcance social e nos permite interagir com pessoas de diferentes culturas e contextos. No entanto, é crucial desenvolver habilidades digitais para garantir uma navegação segura e consciente. A cibersegurança e a alfabetização midiática são agora partes essenciais da educação moderna, capacitando-nos a discernir informações confiáveis e a proteger nossos dados pessoais.

O livro de Katia Ethiénne também explora como as tecnologias emergentes, como a realidade aumentada e a inteligência artificial, podem revolucionar o aprendizado. Ele nos desafia a imaginar um futuro em que a educação ocorra de maneiras inovadoras e integradas, combinando o melhor dos mundos físico e digital.

Este livro é um convite para repensar, redescobrir e reconstruir nossa abordagem à educação e ao aprendizado. Prepare-se para ser desafiado e inspirado, e para explorar novas maneiras de promover o aprendizado em um mundo em constante mudança.

Boa leitura e ótimas reflexões!

Clariana Vitória Ramos de Oliveira
PhD, MSc, RN
Universidade de Nevada Las Vegas, Nevada/Estados Unidos

Katia Ethiénne, essa sou eu...

> **O talento vence jogos, mas só o trabalho em equipe ganha os campeonatos.**
>
> Michael Jordan

Tem muitas conquistas que podemos alcançar sozinhos, mas ter uma equipe, parceiros, um amigo, amiga, alguém que te apoie é muito bom. Então, convidei um amigo para que com sua brilhante arte construísse junto a mim este projeto.

Conheça mais nosso ilustrador.

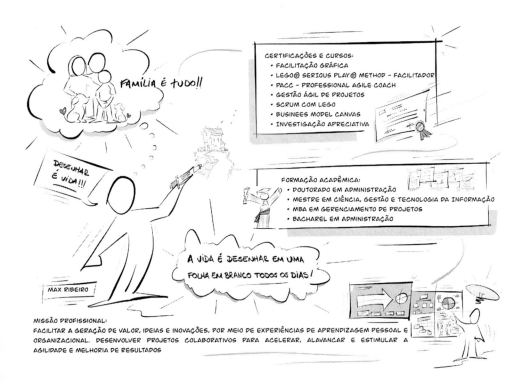

> **Cada homem (mulher) deve inventar seu caminho.**
>
> **Jean-Paul Sartre**
> Filósofo

Quem sou eu?

E este é seu espaço.
Complete sua ilustração como quiser de forma física, digital ou imaginando, mas mostre um pouco de quem você é.

E aí? O que achou? O que gostaria de poder viver mais ou construir para acrescentar neste seu "EU"?

Vamos fazer assim, eu vou escrevendo as perguntas, as propostas de respostas, as hipóteses, frases de pessoas de destaque e você vai refletindo, respondendo do seu jeito, buscando soluções e experimentando.

Você pode escrever suas percepções, ilustrar, colorir, completar páginas, mudar e anotar seus pensamentos, o que sentir vontade.

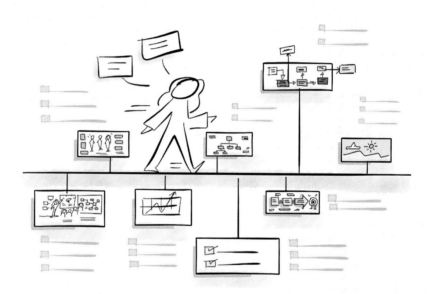

Você pode pensar: mas o livro não vem pronto?

Não está pronto, pois estamos na era da cocriação e você é o protagonista da sua história e deste livro também.

Venha construir seu livro.

Por que ler este livro?

Para fazer diferente!
Teremos que falar de algo fundamental aqui.
Para que esta leitura seja transformadora, é importante que saiba mais sobre...

Afinal, onde aprendemos?
Como?
Por quê?
Com quem?
Para quê?

Mas se quer mesmo saber mais sobre o título deste livro, que tal dar uma olhadinha nas páginas finais, no Posfácio? Mas só se sentir curiosidade. Sabe que a curiosidade é fundamental para a aprendizagem e o crescimento pessoal. Ela nos motiva a fazer perguntas, buscar respostas e explorar novas ideias, nos tornando mais bem informados e mais inovadores.

Para quem é este livro?

Livro para quem gosta de refletir, de saber sobre diferentes temas, de discutir com autores, de ler sem restrição e muito mais...

Com frases inspiradoras e ilustrações incríveis, cada página será um espaço de reflexão sobre diferentes temas. Com as contribuições de especialistas de diferentes áreas, você terá um universo de ideias, pensamentos e perspectivas para explorar.

Espero que se interesse pelos autores e autoras das frases e busque mais sobre eles e elas!

> **Não divido o mundo entre os fracos e fortes, ou entre sucessos e fracassos [...] divido o mundo entre os que aprendem e os que não aprendem.**
>
> Benjamin Barber

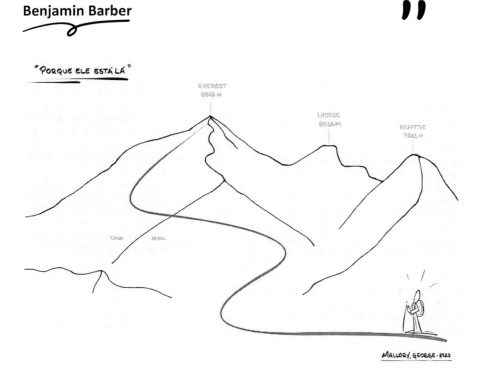

Aprender é um desafio!

Você quer ter sucesso?

Vamos começar pensando sobre algo bem importante, pois sei que você quer ter sucesso nas diferentes áreas de sua vida.

Entendemos que ter sucesso hoje não é apenas ter um salário e um cargo, mas sim, equilíbrio entre:

A ideia é você conversar com pessoas de diferentes idades, seus colegas, familiares, pesquisar na web, questionar a inteligência artificial, assistir vídeos sobre o tema para saber mais sobre como o sucesso e cada um dos pontos apresentados são relevantes para sua vida.

Quem sabe eu também ajude?

E para você, o que é ter sucesso?

Já ouviu falar sobre mindset?

É nossa atitude mental que nos segura, que não nos permite evoluir, quando temos a crença de que nossas habilidades não mudam ao longo da vida (mindset fixo) ou a nossa atitude mental que nos leva sempre a diante, que nos motiva, impulsiona, quando temos a certeza de que nossas habilidades podem ser desenvolvidas durante a vida (mindset de crescimento*).

Sabemos que este é um dos passos para a mudança.

Você pode unir sua disposição ao seu propósito, aliar paixão com motivação e se dedicar ao máximo à aprendizagem.

Com certeza, com o conhecimento e a mentalidade certa, você estará preparado para alcançar grandes conquistas.

Mergulhe com coragem nas suas transformações.

---

* Conceito criado pela psicóloga americana Carol S. Dweck. Dweck, considerada uma das maiores especialistas em psicologia social e psicologia do desenvolvimento.

> Poder errar é uma benção! Não deixe que eles acreditem que fracassar é algo horrível. Pelo contrário, mostre que o erro nada mais é do que um desafio que deve ser superado. Não há razão para ter vergonha de errar, se o erro nos fará progredir. Além disso, todo mundo falha, fica confuso e se sente frágil em determinados momentos da vida — temos que ensinar as crianças e jovens a ficarem 'numa boa' quando estes sentimentos aparecem. Senão se tornarão muito vulneráveis se acreditarem que não podem falhar nunca.

Carol Dweck

Pense algo que imagina ter sido um erro ou fracasso...
Reflita porque isso aconteceu.
O que faria diferente?

Veja, acabou de pensar sobre algo muito importante e não precisou estar na escola ou em um curso. Errar faz parte de aprender e tudo bem!

Agora a parte divertida: nestas imagens, precisamos descobrir se tem algum erro.

Encontrou? Talvez você seja como eu.

Em algumas situações em que outros acham erros, vejo apenas diferenças e mais possibilidades.

" **Você ri de mim porque eu sou diferente, eu rio de você porque você e todos são iguais.** "

Bob Marley

E você, tem sorrido muito?
Que tal uma bela gargalhada agora?

Lembre-se, a autenticidade é uma das nossas maiores forças. Sorrir e Rir das nossas diferenças e celebrar o que nos torna únicos pode ser libertador e profundamente gratificante.

Vamos em frente, então!

> **Importante na escola não é só estudar, é também criar laços de amizade e convivência.**
>
> **Paulo Freire**

E aí, você sabia que a origem da palavra ESCOLA vem do grego *scholé*, que significa "ócio" — o mesmo que "lazer ou tempo livre"? Pois está ligado à ideia da Grécia Antiga, a um momento em que os cidadãos gregos tiravam um tempo livre para discutirem sobre filosofia e alguns comportamentos sociais.

O que acha desse conceito?

Um pouco de história...

A educação sempre existiu, não no modelo de escola atual, mas desde a Pré-História e na Antiguidade as pessoas mais velhas se sentavam e contavam histórias, mostravam como os seus antepassados faziam determinadas ações, como os seus pais realizavam suas tarefas, falavam sobre acontecimentos que eram relevantes.

Eram momentos de muita "mão na massa", porque eles levavam junto as crianças para mostrar como realizavam as tarefas e para que aprendessem fazendo.

Era muito boa essa forma de ensinar e aprender, o conhecimento passado de geração a geração, de história em história, de experiência em experiência.

A escola em 2000 a.C., na Grécia Antiga, tinha como objetivo educar homens em sua formação integral, buscando desenvolver a ética, o pensamento político, o conhecimento religioso. As pessoas iam à escola em seu tempo livre, para refletir.

Não era genial?

Eles batiam muito papo, cada um falava das suas ideias, sentimentos e todos compartilhavam, era superbacana, pena que as mulheres não podiam participar naquela época. Os homens eram elegíveis quando cidadãos gregos, maiores de 18 anos, livres, e não podiam ser estrangeiros.

Quando aconteceu a queda da Grécia Antiga para Roma lá por 763 a.C., sabe quando você está jogando e um perde para o outro? Foi isso que aconteceu, de forma bem simples. A escola passou a ter uma função diferente, formar homens com capacidade crítica, por meio de ensinamentos como a Filosofia, Aritmética, Política e Artes.

O professor era um grande filósofo e ajudava na construção de ideologias, sabe? É a forma de viver e pensar de um grupo sempre baseada no comportamento social e no que as pessoas daquele contexto acreditavam.

> Vamos dar um salto na História...

Teve uma época em que a educação passou a ser restrita somente para pessoas que eram ligadas à Igreja, sendo todas as outras excluídas de qualquer possibilidade de receber ensinamentos.

Os professores eram os próprios religiosos, pois as aulas aconteciam normalmente nos mosteiros, eles ensinavam a ler e a escrever baseados nos textos da Igreja Católica, e crianças e adultos aprendiam nesses espaços.

Sabe que existiu uma época entre os nobres, em que saber ler e escrever deveria ser apenas para as mulheres, pois os homens nobres se preocupavam apenas em enriquecer?

O mundo foi mudando e as pessoas começaram a perceber a necessidade de aprender a ler e a escrever, principalmente a nobreza, que começa a se envolver na economia e entende que se não tiver um conhecimento da leitura, da escrita e das questões matemáticas, não conseguirá fazer a gestão dos seus negócios e nem ter sucesso em seus empreendimentos.

Com as transformações do mundo, a escola passou a ter a função de formar para questões específicas de acordo com as necessidades do momento. Não eram mais aqueles homens que se dedicavam a desenvolver o pensamento crítico, mas sim, preparar as pessoas para realizarem determinado trabalho. Mas não significava que todos pudessem ir à escola, isso demorou um pouco mais...

Chegou a época em que houve a necessidade de mão de obra para operar as máquinas, e para isso as pessoas teriam que ter o mínimo de conhecimento básico. Então, a escola servia para "disciplinar" os milhares de trabalhadores que se tornaram necessários nas indústrias.

E foi então que passou a ser de acesso aos mais simples, o início de um espaço de formação para quem tinha menos condições econômicas.

Quais foram as primeiras escolas?

Foram as escolas fundadas na Europa no século XII. Isso se considerarmos o modelo de escola que temos hoje, com professores, crianças, jovens e adultos como estudantes.

{1549}

É fundada a primeira escola do Brasil, em Salvador, por um grupo de jesuítas, que também cria a segunda, em 1554, em São Paulo — a data marca também a fundação da cidade. Ensinava-se a ler e escrever nesses espaços.

Vamos dar mais um salto na História para chegarmos no presente e discutirmos vários olhares sobre a escola, o ensino, a aprendizagem e outros temas que nos apoiam na vida e na construção do conhecimento.

Como não ir à escola?
As melhores respostas para a pergunta de milhões
Passado, presente e futuro!

Como educadora, o que eu acho das escolas de crianças, adultos...?

São espaços físicos ou virtuais fundamentais para a construção do conhecimento, que podem apresentar diversas oportunidades de aprendizagens, oferecendo vivências incríveis, desafios constantes, desenvolvimento pessoal de forma integral, permitindo o erro como espaço de aprendizado, valorizando a saúde mental e física, com muitas tecnologias, mas também com muito pertencimento e cuidado, que pensa no presente, mas constrói o futuro.

Que acompanhem a evolução do mundo, com espaços físicos que acolham, com tecnologias que complementem a solução de problemas, com interação, imersão, compartilhamento e muita criação.

Que sejam divertidos, envolventes e inclusivos, que ofereçam oportunidades para todos e mostrem como cada um é único e especial, que desenvolvam a coragem, a criatividade, o senso crítico, a autonomia, a criatividade, a capacidade de gerir o tempo, de ser empático, de se comunicar e cuidar do outro.

Maravilhoso, não?

> **A coisa mais importante que aprendi na escola é o fato de que as coisas mais importantes não podem ser aprendidas na escola.**
>
> — Haruki Murakami

Poderíamos dizer que o conhecimento está em todos os lugares, em uma caminhada, num bom bate-papo, em uma viagem, no convívio, na resolução de um problema, nos desafios diários, nos livros, na web, na inteligência artificial, na música, nas artes, nas ciências, nos esportes, nos ambientes de clubes, igrejas, políticos, econômicos, a lista é grande, complementando o que aprendemos na escola e durante nossa vida acadêmica.

E você, também está na escola ou em alguma instituição educacional? Fazendo algum curso? Está aprendendo algo novo de forma independente?

Nos conte como é.

Pode desenhar, escrever, tirar fotos, criar um vídeo, um podcast, o que quiser.

Solte a sua criatividade, este é o espaço!

Agora, compartilhe em suas redes e me marque!

Uma sugestão é o **Instagram @katiaethienne**, mas pelo meu nome você me encontra em outras redes para conexão.

> **Nós aprendemos não na escola, mas na vida.**
>
> Sêneca

Você concorda?

Será que podemos acrescentar algumas palavras a essa frase? Que tal se ficasse assim:

"Nós aprendemos não SÓ na escola, mas TAMBÉM MUITO na vida."

Você sabia que existe a possibilidade de crianças e jovens estudarem em suas casas?

Parece estranho pensar que a "escola" possa ser uma casa, apartamento, chácara, ou qualquer residência.

A palavra em inglês "*homeschooling*" significa "educação escolar em casa", ou seja, educação domiciliar ou doméstica. Esta ideia de estudar em casa já existe desde os anos de 1960.

Imagine uma criança ou um adolescente que não frequenta uma escola tradicional, mas é educado em casa, geralmente pelos pais que têm um papel marcante e participam ativamente do processo de formação intelectual dos seus filhos.

Esta ideia de *homeschooling* traz a oportunidade para aulas em casa, as crianças e jovens têm momentos diferenciados e personalizados para aprender, buscando o desenvolvimento do potencial e dos talentos individuais.

As famílias precisam investir tempo e diferentes recursos para que as aprendizagens aconteçam, além de oferecer oportunidades para a formação do caráter e para desenvolver as virtudes pessoais e sociais.

Todos os tipos de materiais podem ser utilizados, dos físicos aos virtuais, como: sites, blogs, aplicativos, videoaulas, plataformas de ensino, materiais didáticos, livros, conteúdos imersivos etc.

Conviver, compartilhar, dividir, cooperar e interagir são fundamentais e os pais precisam criar espaços e momentos para que tudo aconteça, dentro de casa, em outros espaços, com outras crianças e jovens, em parques, praças, parquinhos, clubes, bibliotecas etc. Podem ter momentos de esporte, música, literatura, dança, teatro, idiomas e muito mais.

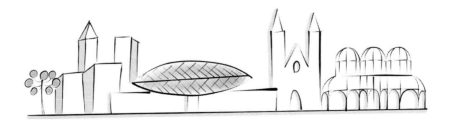

Como ter uma visão de futuro, a longo prazo, da importância de estudar, se o mundo muda tanto?

A nossa vida tem poucas certezas: que nascemos, aprendemos por toda a vida e morremos. Nosso passado, presente e futuro. Significa também que nunca é muito cedo ou muito tarde para aprender. Sempre é tempo!

Não é possível mais pensar que passar pelos anos escolares de formação torna-se suficiente, é certo de que independentemente da área escolhida, profissão ou propósito de vida, é necessário aprender em todo tempo e lugar.

Pode ser presencialmente, on-line, em cursos híbridos, pelo YouTube, em Hackathon, em Bootcamp, em ambientes imersivos, no metaverso, com a inteligência artificial, em conversas não formais, com as tecnologias, ou algo que ainda vá ser criado, a escolha é de cada um, mas o importante é manter-se aprendendo.

Estamos convivendo com uma explosão de informações e ter profundidade nos conhecimentos tende a ser um grande desafio. Podemos ter acesso a uma infinidade de temas, mas será que conseguimos ser "especialistas" em algo, ou sabemos de forma superficial um pouco de tudo?

Temos percebido as mudanças constantes em todas as áreas neste futuro já tão presente.

> Não poderia ficar de fora deste livro a participação especial de uma Inteligência Artificial, e a pergunta que fiz foi: como não ir à escola e aprender?

Embora a escola seja uma das principais formas de aprendizado, existem outras maneiras de adquirir conhecimento. Algumas sugestões são:

1. Educação em casa: Algumas famílias optam por educar seus filhos em casa, através de programas de ensino personalizados e adaptados às necessidades individuais do aluno. Essa prática é conhecida como homeschooling.

2. Aulas particulares: Pode ser possível encontrar professores particulares para ensinar determinadas matérias em que você tem dificuldade.

3. Cursos on-line: Existem muitos cursos on-line gratuitos ou pagos que oferecem conhecimento em diversas áreas, desde programação até arte, história e literatura.

4. Livros e materiais educativos: Ler livros, revistas, jornais e outros materiais educativos pode ser uma ótima maneira de adquirir conhecimento em diversas áreas.

5. Atividades extracurriculares: Participar de atividades extracurriculares como aulas de música, dança, artes marciais, esportes ou programas de voluntariado pode ajudar no aprendizado e desenvolvimento de habilidades sociais.

Lembre-se, no entanto, que frequentar a escola é importante não apenas pelo conhecimento adquirido, mas também pela interação social e pelo desenvolvimento de habilidades importantes para a vida, como a resolução de problemas e a tomada de decisões.

> O ChatGPT quis dar mais palpites. Você concorda?

Aqui estão algumas maneiras como a IA pode ser integrada ao processo de aprendizagem:

Plataformas de Aprendizagem On-line:
Utilização de plataformas on-line que oferecem cursos e recursos educacionais, personalizando o conteúdo de acordo com as necessidades individuais do estudante. Sistemas de recomendação baseados em IA que sugerem cursos e atividades com base no perfil de aprendizagem do usuário.

Tutores Virtuais:
Equipados com IA podem oferecer suporte personalizado aos estudantes, respondendo a dúvidas, fornecendo explicações adicionais e adaptando o ritmo de aprendizado conforme necessário.

Simulações e Jogos Educacionais:
Desenvolvimento de simulações e jogos educacionais que proporcionam uma experiência prática e interativa, facilitando a absorção de conceitos complexos.

Avaliações Adaptativas:
Sistemas de avaliação adaptativa que ajustam automaticamente a dificuldade das perguntas com base no desempenho do estudante, garantindo desafios apropriados para o nível de habilidade individual.

Análise de Dados Educacionais:
Utilização de análise de dados para monitorar o progresso do estudante, identificar padrões de aprendizagem e fornecer feedback contínuo para otimizar o processo de ensino.

Aprendizado Colaborativo On-line:
Facilitação de ambientes de aprendizagem colaborativos on-line, onde os alunos podem interagir, discutir e trabalhar em projetos em conjunto, mesmo que estejam fisicamente distantes.

Ao explorar essas possibilidades, destaca-se como a IA está moldando o futuro da educação, oferecendo alternativas viáveis à educação tradicional em sala de aula. Além disso, é importante abordar considerações éticas, desafios e oportunidades associados ao uso da IA na educação.

> Essas respostas foram no lançamento do ChatGPT. Vamos ver após um tempo se mudou? Será que ELA, a IA, modificou sua resposta com a mesma pergunta?

Educação on-line: plataformas de cursos on-line como Coursera, edX, Udemy, Khan Academy que oferecem cursos em diversas áreas, muitos deles gratuitos.

YouTube: canais educativos sobre quase qualquer assunto que você possa imaginar.

Aulas particulares e tutores que podem fornecer orientação personalizada.

Tutoria on-line: sites como Wyzant e Tutor.com conectam você com tutores especializados.

Leitura de livros: bibliotecas públicas, e-books, e audiolivros são excelentes recursos.

Artigos e revistas acadêmicas: sites como Google Scholar e JSTOR.

Prática e experimentação com projetos DIY: Aprenda fazendo, seja programação, artesanato, ciência ou engenharia.

Hobbies: desenho, música, culinária, jardinagem etc.

Programas de educação alternativa como a Educação domiciliar (Homeschooling), pois existem currículos estruturados, muitos programas e currículos para educação domiciliar, além de grupos de apoio, comunidades de homeschooling para suporte e socialização.

Educação não tradicional como o unschooling, com foco no aprendizado autodirigido, baseado em interesses pessoais.

Experiência prática: trabalhar como voluntário ou estagiário em áreas de interesse pode proporcionar aprendizado valioso e experiências práticas.

Apps educativos, como: Duolingo, Khan Academy Kids, Brilliant e aplicativos que tornam o aprendizado divertido e acessível.

Simulações e jogos educativos: softwares como Tynker (programação) ou SimCity (planejamento urbano).

Oficinas e eventos: muitas bibliotecas, clubes, associações, instituições educacionais oferecem oficinas gratuitas e eventos educativos.

Visitas e programas educativos: Muitos museus oferecem visitas educativas e programas de aprendizado.

Exames de proficiência: TOEFL, SAT, exames de certificação em TI (como CompTIA, Cisco).

Resolvi desafiar a IA e pedi algo mais criativo, vejam...

Claro! Vamos explorar maneiras criativas e fora do comum para aprender sem ir à escola.

Aprendizado por meio de experiências de vida como viagens culturais: conhecer novos países, culturas e línguas pode ser uma grande fonte de aprendizado.

Trilha de aprendizado: faça trilhas e acampamentos, aprenda sobre Geografia, Biologia e Astronomia ao ar livre.

Permacultura e sustentabilidade: trabalhe em uma fazenda orgânica, aprenda sobre agricultura sustentável, biologia de plantas e ecologia.

Aprendizado por meio de jogos e desafios: jogos educativos como Minecraft Education Edition para aprender Matemática, História e Ciências.

Desafios de Hackathon: participar de maratonas de programação e inovação.

Role-playing games (RPGs): criar e participar de RPGs temáticos que ensinem História, Literatura, e desenvolvimento de habilidades sociais.

Redes sociais educativas: participe de grupos no Reddit, Discord ou Facebook, entre outros, focados em áreas específicas de interesse.

Projetos colaborativos: colabore em projetos de código aberto no GitHub ou participe de iniciativas comunitárias.

Webinars e Ted Talks: assista a palestras e webinars sobre temas variados.

47

- Feiras virtuais de ciências: participe e crie projetos científicos para feiras virtuais.
- Teatro e dramatização: aprenda História e Literatura encenando peças teatrais.
- Arte digital e design: use softwares de design gráfico para criar projetos artísticos.
- Escrita criativa e contação de histórias no Fanfics e Blogs: escreva histórias baseadas em livros, filmes ou crie as suas.
- Contação de histórias interativas: participe de oficinas de contação de histórias onde a narrativa é moldada coletivamente.
- Aprendizado por meio de tecnologias emergentes, como: Realidade Virtual (VR), Realidade Aumentada (AR) e Realidade Mista, para explorar museus, espaços históricos, e até mesmo o espaço sideral, além de interagir com o mundo real de forma aumentada, como ver modelos 3D de órgãos do corpo humano.
- Projetos de robótica: construa e programe robôs usando kits como Lego Mindstorms.
- Aprendizagem de máquina: utilize plataformas on-line para aprender sobre inteligência artificial e criar seus próprios modelos de machine learning.
- Desafios de autossuficiência: desafio focado em um aprendizado de 30 dias, como aprender um novo instrumento musical ou uma língua estrangeira.
- Desafios de Habilidades Manuais: aprenda marcenaria, costura, ou outra habilidade artesanal.
- Journaling: mantenha um diário de aprendizado onde você registra o que aprendeu e suas reflexões diárias.
- Vlog de Aprendizado: crie um vlog onde você compartilha suas aventuras de aprendizado e inspira outras pessoas.
- Encontre Mentores: conecte-se com profissionais em áreas de interesse por meio de plataformas como LinkedIn.
- Troca de conhecimentos: participe de programas de mentoria onde você também pode ensinar algo em troca.

Shadowing profissional (acompanhamento de profissionais): passe um dia acompanhando um profissional em sua área de interesse para aprender sobre o trabalho na prática.

Essas são apenas algumas ideias criativas para aprender fora do ambiente escolar tradicional. O importante é manter a curiosidade, buscar novas experiências e estar aberto a diferentes formas de conhecimento.

O que achou dessas propostas?
Criaria seu tipo de escola?
Como seria? Desenhe, escreva, conte...

Veja, a Inteligência Artificial pode até ter respostas excelentes para as nossas perguntas, mas é importante saber fazer as perguntas certas, conhecer o assunto e refletir sobre as respostas que recebemos e fazer novos questionamentos.

O mundo mudou e a Educação vai no mesmo movimento, mas pensar é nosso papel de seres humanos, vamos exercê-lo com muita responsabilidade e conhecimento.

> **O importante é não deixar de fazer perguntas.**
>
> Albert Einstein

Será que existe um modelo ideal de escola?

Não há um modelo de escola "melhor" que seja aplicável a todas as comunidades ou situações, pois depende de vários fatores, incluindo: as necessidades dos estudantes, as prioridades da comunidade, a cultura local e as condições socioeconômicas.
Alguns modelos de escola comuns incluem:

Escolas tradicionais normalmente seguem um currículo padronizado e enfatizam a memorização e o aprendizado passivo. Os estudantes costumam ter aulas de Matemática, Ciências, Línguas, História e Literatura, entre outras disciplinas.
Você estudou ou estuda em uma escola com essas características?

Escolas Montessorianas se concentram na aprendizagem ativa e no desenvolvimento individual dos alunos. Os estudantes são encorajados a trabalhar em projetos e a aprender em seu próprio ritmo, em um ambiente organizado em torno de áreas temáticas que permitem aos alunos explorar e aprender de forma autônoma.
Já conhecia esse tipo de escola? Já vivenciou momentos assim?

Escolas Waldorf enfatizam o desenvolvimento artístico e emocional, bem como o acadêmico. As aulas são frequentemente orientadas para a expressão artística e a criatividade, com ênfase na música, dança e teatro.
Que tal? Gostaria de uma escola assim?

Nas **escolas de aprendizagem baseada em projetos**, os estudantes aprendem por meio da investigação e resolução de problemas reais, com foco na aplicação prática do conhecimento e no desenvolvimento de habilidades de pensamento crítico, colaboração e comunicação. Os alunos trabalham em projetos multidisciplinares que abordam questões do mundo real.
Gostaria de estudar nessa escola? Já estuda? Estudou?

Escolas democráticas baseadas nos princípios da democracia e autogestão. Todos os membros da comunidade escolar (alunos, professores e funcionários) têm voz e voto nas decisões da escola. Oferece liberdade aos estudantes para escolherem seus próprios estudos e atividades, com professores atuando como facilitadores.

Voltaria a estudar em uma escola assim? Já esteve em uma?

Sabe o que eu penso? A escola poderia ser uma grande mistura de cada uma dessas propostas e de muitos outros modelos que existem.

> Quando deixo meus filhos na escola, a última coisa que falo é: façam boas perguntas hoje!
>
> Peter Diamandis

"FAÇAM BOAS PERGUNTAS HOJE"

No meio de toda essa incerteza com velocidade exponencial com que o conhecimento se multiplica, qual a chance de termos respostas absolutas?

Frente a tudo que vimos até agora, você deve estar pensando como resolver os desafios deste mundo incerto, complexo, ambíguo e totalmente imprevisível. O que sabemos é que já podemos contar com muitas opções de apoio: blockchain, assistentes virtuais, chatbots, realidade aumentada, robôs, internet das coisas, realidade virtual, big data e muito mais que está em processo de criação e nem sabemos, para nos ajudar na busca de soluções.

Pensar no que é realmente é fundamental!

Sabermos fazer as perguntas e refletir sobre as respostas, para inventarmos novos questionamentos, sempre lembrando da ética e da responsabilidade que cada um de nós tem.

Isso nos ajuda a aprender dentro e fora da escola, na verdade, no mundo.

Algumas dicas para encontrar soluções para os desafios diários...

DEFINA PRIORIDADES

APRENDA A DIZER NÃO

DIVIDA O TEMPO EM ATIVIDADES DE RESPOSTA E PRODUÇÃO

MAIS TEMPO COM O QUE GERA MAIS RESULTADOS

FAÇA UMA TAREFA DE CADA VEZ

Como seria uma Educação UAU?

Vamos pensar que a educação "UAU" (disruptiva) vem de um conceito que visa transformar o processo de ensinar e aprender, por meio da inovação e da ruptura com os modelos tradicionais existentes. O objetivo é desenvolver abordagens educacionais mais dinâmicas, interativas e adaptáveis às necessidades de quem aprende.

Algumas ideias incluem:

Aprendizagem baseada em projetos futurísticos onde os estudantes trabalham em desafios de criação de futuros (Unesco 2023) envolvendo pesquisa, colaboração e resolução de problemas, por meio da aprendizagem ativa, tecnologias inovadoras e a aplicação prática do conhecimento.

Aprendizagem personalizada por IA, na qual o ensino é adaptado às necessidades e habilidades individuais de cada um, incluindo o uso de diferentes tecnologias para fornecer conteúdos e feedbacks personalizados.

Sala de aula invertida com avatares, quando o estudante tem um papel efetivo, que tem que ser exercido, para que os desafios sejam solucionados, acessando vídeos, aulas gravadas, diferentes conteúdos e estudando em diferentes ambientes, e depois aproveitando o tempo no metaverso para discutir, realizar projetos e receber feedbacks do professor e dos colegas.

Educação em jogos digitais e de tabuleiros físicos, em que personagens agem de forma teatral e incorporam seus papéis, podendo contar com a ajuda da IA para gerar voz, imagem e animação e que podem ser usados para ensinar habilidades sociais, para motivar, tornar a aprendizagem mais divertida e engajadora.

Esses são apenas algumas ideias que tenho pensado, mas podem ser criadas muitas mais, o importante é transformar a forma como os estudantes aprendem e como os professores ensinam. Independentemente do lugar em que estejam aprendendo.

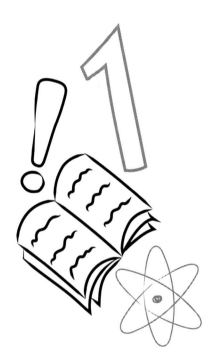

Como aprender melhor?

Existe na internet muitos sites de dicas de como você pode aprender melhor, mas para que você possa identificar como é para você aprender, inicie pensando sobre isso...

Ao pensar sobre como aprende, desenvolverá competências capazes de apoiar o processo de aprendizagem de acordo com o seu estilo, o tempo, o seu perfil cognitivo e as suas características psicológicas.

Passará a ter a consciência de si próprio, conhecendo seu processo de aprender, ou seja, a capacidade de refletir e considerar cuidadosamente os seus processos de pensamento.

Refletir sobre como aprende em diferentes contextos: profissional, educacional, social, político, entre outros, te ajuda a articular técnicas e recursos mentais para ampliar seu conhecimento.

O importante é fazer conexões, trocar com pares, debater com pessoas, ensinar outros e compartilhar.

Aprender fazendo também é um excelente caminho. O famoso "maker" ou "mão na massa", ou seja, atividades que te desafiem a buscar por soluções simples e criativas por meio de espaços de prática.

Você gosta desse estilo de aprender?

Reflita...

Como viver a ideia e a aplicação prática dessa nova forma de enxergar a educação?

É fundamental tornar o seu processo de aprendizagem:

Precisa se abrir a aprender sempre, de forma presencial, virtual, híbrida, individual ou em pares, na escola ou no lugar que escolher, ou melhor, em todos os lugares, pensando que uma caminhada na rua pode gerar muito conhecimento, depende do seu olhar.

Procure conhecer um pouco mais sobre você, como aprende melhor e como seu cérebro está em funcionamento enquanto descobre coisas novas e constrói seu conhecimento.

#FICA A DICA

Como viver neste mundo frágil, ansioso, não linear e incompreensível?

Vamos pensar em situações da vida que dependem da nossa sabedoria ou de esperarmos por algo, alguém.

Momentos em que precisamos construir nossa identidade a partir de nossas vivências e conhecimentos.

Quando nossas certezas podem virar incertezas...
Como agir?

Buscar sempre o conhecimento pessoal e de mundo!
Fazer conexões!

Aproveitar cada instante para se descobrir, conhecer o outro e o seu mundo.
Aprender sempre...

Para poder viver, então você precisa?

Estar preparado para enfrentar o imprevisível.

Romper a bolha que o cerca e viver em comunidade e comunhão.

TER UM PROJETO DE VIDA.

Definir seu propósito.

Ser capaz de se adaptar.

Ter senso crítico para fazer boas escolhas.

Estar sempre conectado à realidade.

Ter sempre sonhos.

Valorizar sua intuição.

Apreciar suas habilidades.

Tentar, e se errar, tentar de novo.

Buscar saber quem você é.

Ter empatia.

Ser solidário.

Cuidar do planeta.

Cuidar dos seus familiares e amigos.

Projetar FUTUROS desejáveis e construí-los.

Pode inserir neste quebra-cabeças que é a sua vida, tudo que achar importante acrescentar... Divirta-se!

Qual seria sua "bolha"?

Vamos pensar em uma ideia de grupos compostos por pessoas que buscam uma mesma identidade por meio dos mesmos gostos estéticos, regras, linguagem, música, ideologia, estilo de vida, cultura, crença, tradição e costume.

Sabia que a palavra *"tribus"* originalmente era empregada para designar cada uma das 30 divisões da Roma Antiga?

Qual seria sua bolha, tribo, grupo, galera, ou como preferir chamar seu grupo?

E você acha que sua "tribo" é bem aceita na sociedade?
Acredita que são inclusivos na sua "bolha"?
Você estoura bolhas?
Está em diferentes grupos?
Conte-nos na sua rede social e nos marque.

O que você poderia fazer para ser ainda mais inclusivo do que já é hoje?

Muitas vezes somos perguntados a respeito da igualdade e da equidade, mas percebemos que por mais que tenhamos um pensamento mais moderno, que sejamos engajados em construir uma sociedade mais inclusiva, ainda não temos em nossos contextos de convivência a multiplicidade humana.

É importante conhecer novos lugares e vivenciar novas experiências, para o que não conhecemos não se tornar estranho e sim algo cotidiano, evitando o risco dos preconceitos, das ideias pré-concebidas ou mesmo o senso comum, que pode ser excludente.

Ser inclusivo e valorizar a diversidade, é isso. É estar aberto para novas experiências e vivências todos os dias. Em um processo contínuo de desconstruir, construir, ressignificar, e, quem sabe, enfim, transformar a sua realidade e a de outras pessoas, tornando o mundo um lugar mais equânime para todos.

> **A inclusão acontece quando se aprende com as diferenças e não com as Igualdades.**
>
> Paulo Freire

Seja agente de inclusão onde você estiver.

Vamos mais além... Você sabe o que acontece em um minuto na internet?

Aproximadamente 3 mil pessoas instalam o TikTok por minuto.

500 mil Stories são publicados no Instagram a cada minuto.

Cerca de 69 milhões de mensagens são enviadas no WhatsApp por minuto.

Aproximadamente 220 mil fotos são publicadas a cada minuto.

US$ 2,8 milhões são gastos em compras on-line a cada minuto.

Cerca de 1750 novos sites são criados a cada minuto.

Aproximadamente 500 horas de vídeo são enviadas ao YouTube por minuto.

O Google realiza cerca de 5,7 milhões de buscas por minuto.

Aproximadamente 231 milhões de e-mails são enviados a cada minuto.

Modelos de linguagem como o ChatGPT e similares respondem a cerca de 1 milhão de consultas por minuto.

Mas, com certeza, quando for ler estes números, já terão crescido muito.

Qual o papel desta quantidade de informações geradas por minuto em sua vida?

Na verdade, é uma enxurrada de "muito" tudo e para isso é preciso estar preparado para ser uma pessoa capaz de fazer escolhas adequadas de forma crítica e autônoma. Ter uma visão ampla de mundo e ao mesmo tempo ser capaz de olhar para o contexto local.

Saber que as tecnologias têm o seu papel nas nossas vidas, é OK.

Descobrir como viver neste mundo hiperconectado é o desafio, pois a cada dia mais, torna-se necessário valorizar quem somos, com uma identidade própria, sem nos anularmos por não sermos como os mais "curtidos", sem buscarmos uma vida que não é nossa e principalmente sem acharmos que a "grama do vizinho é melhor", mas ao mesmo tempo sendo cidadãos que cuidam do meio e das pessoas.

É preciso ter coragem para ser quem você é!

O que significa 2,5* quintilhões de bytes de dados todos os dias?

Simples, significa que o que sabemos agora, daqui a pouco pode ter mudado, ou melhor, tende a mudar.

> **O uso inovador de dados pelas pessoas está causando mudança e progresso extraordinários ao redor do mundo. Seus esforços em relação aos dados estão capacitando outras pessoas e comunidades e ajudando empresas a usar recursos de modo mais eficaz.**
>
> **Victoria Espinel**
> **Presidente e CEO da BSA (Business Software Alliance).**

* 1.000.000.000.000.000.000 - Um Quintilhão ou Quintilião

Será que foi sempre assim, com tanta tecnologia digital?

Estamos falando do século XXI, mas não foi sempre assim...

Já aconteceu na nossa história recente que para tirar uma fotografia tínhamos que comprar antecipadamente um rolo de filme que não era barato, deixar tudo preparado e levarmos uma máquina fotográfica conosco nos momentos que pretendíamos tirar foto.

O que muitas vezes acontecia é que as fotos ficavam lindas...

Ooooooooooooooouuuuuuuuuuuuuuuuuuuuuuu...

Terminava o rolo antes de encerrarmos o passeio ou de alguma forma acontecia um acidente com o filme que ficava enroscado, entrava claridade e de repente todas as fotos tão importantes poderiam ser perdidas.

Outra coisa interessante é que, muitas vezes, a foto não ficava de boa qualidade, acabava desfocada ou a pessoa ficava fazendo uma careta, saía errada ou qualquer outro problema que não refletisse a beleza do momento ou o que se desejava registrar.

Não tínhamos outra opção, **SOMENTE ESPERAR.**

O rolo de filme era levado para ser revelado e aguardávamos vários dias para que pudéssemos ver as tão desejadas fotografias.

Mas o mundo está em transformação?

E hoje, é tão simples.

Tiramos muitas fotos em questão de segundos. Podemos escolher se a luz ficou boa, se o ângulo está adequado, se ficamos bem, se a paisagem ficou bonita e muito mais.

Contamos com as possibilidades que a tecnologia nos oferece de deixar já ajustadas as configurações e filtros de preferência, possibilitando mais qualidade.

As mudanças têm acontecido de forma lenta e em alguns casos de forma radical. Em relação às fotos precisávamos esperar, correndo o risco de que tudo desse errado e hoje temos a possibilidade imediata de refazer quando desejamos, sem filme, sem espera, simplesmente em um toque.

Então, quero te desafiar agora, que tal uma foto?

Melhor ainda, várias fotos?

Mostre um pouco de você.

Pode imprimir e colar aqui e depois fotografar e publicar em nossa rede. Parece meio antigo, mas é legal!

A escolha é sua, também pode publicar suas fotos digitais compartilhadas em suas redes sociais e nos marcar, se desejar.

O importante é viver este momento de fotografar e pensar como é e como foi...

> **A melhor maneira de prever o futuro, é criá-lo.**
> Peter Drucker

Você sabe que o mundo é ONLIFE?

Quando você ou alguém da sua família faz uma compra pelo IFood, Rappy, Mercado Livre, Amazon, Magazine Luiza, Americanas, Shein ou qualquer outro fornecedor que gostem, não ficam pensando se o armazém tem o tamanho tal, a cor "X", ou se tem tantos funcionários, ou mesmo, se a geladeira é bonita, ou seja, uma série de pensamentos sobre os detalhes físicos. O que desejam é que o produto seja entregue, de preferência bem rápido e com qualidade.

Simplesmente, a compra é realizada de acordo com a necessidade do momento.

Este é um exemplo de nossa vida ONLIFE, pois estamos em um mundo hiperconectado, no qual não precisa haver mais a separação entre o real e o virtual.

Este é o mundo ONLIFE! Pense em outros exemplos, com certeza terá muitos para acrescentar.

Somos seres ONLIFE?

Estamos nas redes, assistimos vídeos e streamings, interagimos virtualmente, usamos celular, fazemos compras on-line, jogamos videogame, estudamos, trabalhamos, realizamos exames e transações bancárias, votamos, fazemos vaquinhas, criamos empresas, ajudamos as pessoas e muito mais.

Estas e muitas outras ações podem ser presenciais e virtuais, hiperconectando nossas vidas, ou seja, vivermos sem a distinção entre humano, máquina e a natureza, que se entrelaçam, este é o conceito de ONLIFE.

Feche os olhos e pense no seu dia a dia e responda.

Dá para não ser um ser ONLIFE?

A mente que se abre para uma nova ideia jamais voltará ao seu tamanho original

Albert Einstein

Sabia que nosso cérebro mudou?

Os neurocientistas descobriram que por termos contato com uma variedade de estímulos digitais a forma como lemos o mundo mudou.

Precisamos aprender a manter nossa atenção para que possamos realizar uma leitura profunda, curiosa, contínua, crítica e empática, frente a velocidade das informações e dispositivos digitais.

Nossa leitura nos dispositivos digitais acontece de forma rápida e fluída.

O acesso às informações acontece sem que percebamos cada dia mais em uma leitura de mundo diferenciada.

No que se diferencia o cérebro do mundo digital?

Nesta era da tecnologia digital, nosso cérebro também tem sofrido modificações e por isso muitos pesquisadores têm estudado como a neurociência pode deixar isso mais claro, pois com todos estes dispositivos digitais a forma de lermos o mundo mudou muito.

Cada criança é diferente, não é mais como eram seus pais, avós, bisavós de qualquer outra época, pois a quantidade de informações gerada por minuto, as possibilidades tecnológicas e de comunicação nunca foram tão grandes, o que requer de todos novas competências.

 As pesquisas mostram que quanto maior for a exposição, ou seja, o tempo gasto em qualquer mídia, mais características desta influenciarão a qualidade das pessoas como espectadores, produtores e aprendizes, ou seja, a mídia passa a ser uma mensageira para nosso cérebro que começa a ditar caminhos.

> **Viver é isso: ficar se equilibrando o tempo todo, entre escolhas e consequências.**
>
> Jean-Paul Sartre

Você está no meio de uma revolução, sabia?

As mudanças resultantes da 4ª Revolução Industrial são resultado da mistura dos mundos físico, digital e biológico trazendo à tona: automação e eficiência.

A velocidade, a amplitude e a profundidade que a Revolução 4.0 trouxe, abriu caminho para a Indústria 5.0, que busca adicionar o toque humano às inovações. Não se tratando apenas de tecnologia, mas do trabalho em conjunto entre humanos e robôs, o que tem gerado um repensar sobre o que significa "ser humano".

Já vivemos algumas revoluções em nossa história. Você pode ter vivenciado algumas mudanças importantes. Pense um pouco...

> "As mudanças são tão profundas que, da perspectiva da história humana, nunca houve um momento tão promissor e, ao mesmo tempo, mais arriscado."
>
> Klaus Schwab

E sobre o futuro, o que podemos pensar?

As tecnologias cada vez mais estão redesenhando o mundo, pois são criadas para tornar a vida mais prática e inteligente, mas temos que estar atentos, pois apesar de todas as transformações geradas por elas, por mais que existam objetos robotizados e processos informatizados, todos dependeram da criação humana, até agora.

Com os avanços constantes das inteligências artificiais, o papel dos seres humanos está mudando. Precisamos estar conectados ao que está acontecendo e preparados para evoluir sempre, mas ao mesmo tempo criarmos futuros nos quais tenhamos um papel mais efetivo e não só que nos adaptemos, como agora.

Você faz parte de uma rede, ou melhor, de várias?

Hoje estamos em rede, que geram conteúdo, informação e muita comunicação. A produção de conteúdo é cada vez maior e sua disseminação gigantesca, gerando a troca de experiências e de conhecimentos.

Neste momento da cibercultura, a interconexão, a criação de comunidades virtuais e a inteligência coletiva, são as características principais das relações, permitindo muito mais interação, comunicação e integração entre culturas mesmo quando estão geograficamente distantes, construindo costumes e práticas sociais, as quais se ampliam com a utilização de tecnologias em rede.

A educação é digital?

A educação digital pode ser considerada a forma bem ampla na qual estão inseridas novas tecnologias, estratégias diferenciadas de ensinar, processos mais dinâmicos de aprendizagem, possibilitando uma variedade de atividades capazes de engajar e mobilizar educadores e estudantes.

O Brasil está evoluindo na educação digital, e a pandemia de Covid-19 foi um grande "empurrão" para que as mudanças acontecessem, com a presença mais frequente de alguns elementos:

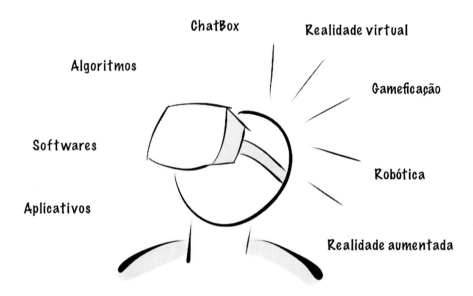

E a tendência é crescer cada vez mais, principalmente com a conexão à internet cada vez melhor e a possibilidade de acesso às tecnologias de forma gratuita.

E você, o que acha desta oportunidade das tecnologias inseridas no ensino e na aprendizagem?

Como o digital está presente nos ambientes educacionais?

Cada vez mais as tecnologias fazem parte das propostas de educação, para que cada um de nós tenha espaço neste mundo hiperconectado e seja habitante deste novo ecossistema que tende a ser um caminho cada vez mais inovador.

A tendência é que para fazermos parte destes novos espaços, estejamos conectados por meio da inteligência artificial, de simuladores, de laboratórios virtuais, da realidade virtual e aumentada, da imersão, nos metaversos, e muito mais que ainda vai ser criado.

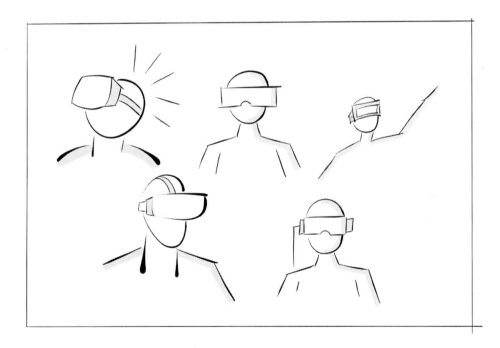

Metaverso será nosso novo ambiente?

No metaverso existirá espaços para trabalhar, aprender, interagir e colaborar com pessoas de qualquer lugar do mundo, com mais "vivência" que uma webconferência, e para tal teremos que aprender novas competências e como ampliar valores como: ética, respeito e sustentabilidade.

Novas profissões e funções para o metaverso estão surgindo nas áreas de tecnologia, marketing, conteúdo, storytelling, design, educação, ética, segurança, pesquisa e criação de ambientes.

As pessoas poderão viver momentos de imersão por meio da realidade aumentada, virtual, misturada, hologramas, avatares e tudo mais que ainda está em desenvolvimento.

Você quer fazer parte deste ecossistema? Nós já fazemos...

Para ser digital?

É preciso ser capaz de estar atualizado, buscar as novidades tecnológicas, as inovações, entender o poder da conectividade e ser disruptivo. Alguns exemplos de empresas que foram além: Uber, Netflix, Airbnb, Nubank, Spotify, iFood, VMtecnologia entre muitas outras, que mudaram algo que já existia oferecendo mais praticidade, valor agregado e oportunidades de escolha.

Em sua opinião, o que isso tem a ver com você e os ambientes educacionais?

Com todas as mudanças diárias, em todas as áreas, as verdades são transformadas e os ambientes onde você aprende podem te ajudar a estar preparado.

Seja **muito curioso**, não fique sem respostas, busque sempre perceber **onde** e **como** o que está estudando se aplica na sua vida, além disso, *seja criativo* no seu dia a dia.

Use a tecnologia a seu favor para ampliar suas possibilidades de planejar, de aprender, de se relacionar e de viver.

"
Repensar e desenvolver novas formas de educação estão certamente entre os desafios mais emocionantes do nosso tempo. Existem grandes oportunidades, mas também sério risco de perdê-las. Quais técnicas serão mais viáveis para gerenciar os processos de aprendizagem, quando na verdade o problema fundamental não é como, mas o quê: que tipo de o conhecimento será necessário e esperado neste século.

Floridi, 2015

"

No século XXI, dá para estar na escola ou em qualquer outro lugar para aprender sem estas competências?

Pensamento crítico
Criatividade
Comunicação
Empatia
Cooperação
Curiosidade
Protagonismo
Conseguir resolver problemas

Saber fazer perguntas...

E o que mais acrescentaria na lista?
Nos conte nas redes.

Pensamento crítico, por que ter?

Ter pensamento crítico é saber realizar a análise de fatos, de experiências, de comentários, de postagens nas redes ou de situações para desenvolver uma ideia própria, ou seja, a sua opinião, mas para isso precisa construir um conjunto de argumentos que sejam de fontes confiáveis, de forma ética e que busque o bem comum.

> **Só sei que nada sei, e o fato de saber isso, me coloca em vantagem sobre aqueles que acham que sabem alguma coisa.**
>
> Sócrates

É um exercício diário, que precisa estar em suas prioridades, para não se deixar levar por fake news, opiniões rasas e informações que podem ser prejudiciais a você e à comunidade mundial.

Criatividade se aprende?

Criatividade é a capacidade de criar, de inventar, de ter ideias, de fazer diferente e de resolver problemas.

Para o norte-americano Robert Alan Black, especialista em psicologia educacional, todos nascemos com capacidade de pensar e agir de forma criativa, só precisamos de espaço para tal, em casa, na escola, em todos os lugares, então aproveite e comece hoje.

◆ ESTÍMULOS À CRIATIVIDADE

"Ser criativo é uma escolha diária."
E precisa de um treino constante.

Crie algo! Pode ser uma mudança dos seus ambientes físicos, algo virtual, com os colegas, família, com arte, com tecnologias, na culinária, invente, tente, que tal fazer diferente?

{Comunicação é importante?}

É um processo que envolve a troca de informações, ideias, pensamentos, alegrias, tristezas e conhecimentos. É estar aberto a realizar interações, trocas e aprendizagens.

No paradigma da comunicação, os pesquisadores (Ariana Cosme e Rui Trindade da Universidade do Porto, em Portugal) apresentam a teoria que para se aprender mais e melhor é importante a comunicação e a interação, então comece já!

" Quem não se comunica, se TRUMBICA.*"

Chacrinha

COMO NÃO IR À ESCOLA

---

* Não se dar bem, fracassar, ser malsucedido.

91

Sabe o que é preciso para uma boa comunicação?

Buscar contato visual, podendo estar fisicamente presente ou virtualmente.

Manter uma escuta ativa.

Escutar a si mesmo enquanto fala.

Desenvolver a empatia.

Escrever com cuidado as palavras para que expressem corretamente o que deseja.

Lembrar que escrever é diferente de falar.

Buscar discutir ideias e nunca as pessoas nos ambientes presenciais e virtuais, principalmente nas redes sociais.

Aceitar as diferenças e discordâncias.

Analisar bem o que vai comunicar, antes de publicar em uma rede social.

Perguntar quando não entender algo.

Evitar julgamentos.

Usar um tom de voz adequado.

Usar diferentes multimeios para expressar suas ideias.

Mostre-se aos outros com clareza, tranquilidade e sabedoria!

Empatia, posso desenvolver?

É procurar se colocar no lugar de outra pessoa para entender e respeitar suas atitudes e seus sentimentos, buscando apoiar e respeitar, sem ser invasivo ou achar que tem que resolver a questão.

A seguir, algumas dicas para te ajudar a desenvolver ainda mais a empatia em seu dia a dia.

Passo 1 – Escute com atenção ao outro, saber ouvir é essencial, então ouça com curiosidade, procure não interromper.

Passo 2 – Faça um filme na sua mente, como se você estivesse passando pelo que a pessoa está contando, ou pelo que está vendo.

Passo 3 – Realmente tente sentir e pensar como a outra pessoa.

Passo 4 – Não fale coisas como "tudo vai dar certo", "não se preocupe", "sei como está se sentindo"...

Passo 5 – Lembre-se que cada pessoa é única, sendo assim, o que é uma verdade para você pode não ser para a outra pessoa.

Passo 6 – Não julgue ninguém.

Passo 7 – Lembre-se que cada um tem uma história única e seus valores.

Passo 8 – Cuide de você antes de se propor a cuidar de alguém.

Passo 9 – Talvez não possa fazer nada, nem resolver o problema, o importante é estar presente.

Passo 10 – Ajude a pessoa a buscar novos caminhos, quando possível.

Quer exercitar? Que tal completar o Mapa da Empatia?

Pense em uma pessoa e responda cada etapa a seguir.

1. O que ele **Vê**? (pensar nos diferentes ambientes).

2. O que ele **Pensa e Sente**? (pensar nas preocupações, sonhos, aspirações, sentimentos).

3. O que ele **Fala e Faz**? (pensar como se veste, se comunica, age).

4. O que ele **Escuta?** (pensar sobre o que escuta de amigos, parentes, pessoas que convive).

Agora, pense como ser empático e ajudar no momento que a pessoa está vivendo...

Ser empático é ver o mundo com os olhos do outro e não ver o nosso mundo refletido nos olhos dele.

Carl Rogers

Cooperação é relevante?

E aí, como você é neste quesito?

A ação de prestar ajuda, de colaborar, apoiar, dar assistência, auxiliar, contribuir e participar.

Ser solidário.

O que tem feito para mudar o seu contexto? Para mudar a vida das pessoas que precisam de apoio, em diferentes áreas?

REFLEXÕES SOBRE O QUE ESTOU FAZENDO!
- O QUE EU PRECISO CONTINUAR FAZENDO?
- O QUE EU PRECISO PARAR DE FAZER?
- O QUE EU PRECISO COMEÇAR A FAZER?

> "Dediquem-se uns aos outros com amor fraternal. Prefiram dar honra aos outros mais do que a vocês."

Romanos 12:10

> **Ordene-lhes que pratiquem o bem, sejam ricos em boas obras, generosos e prontos a repartir.**
>
> 1 Timóteo 6:18

"QUANDO VOCÊ FAZ POR AMOR A GRATIDÃO VEM COMO UM PRESENTE!"

Curiosidade não é feio?

Chegamos a um dos pontos importantes deste livro. Não dá para ir à escola, para trabalhar, para ser e nem para fazer nada se não tiver a curiosidade como lema, como foco, como alvo, como o motor da sua jornada.

Busque saber mais sempre, as fontes precisam ser variadas, como nos livros, com as pessoas que têm experiência, com os mais idosos, com seus colegas, pais, tios, primos, amigos, nas redes, em outros países, culturas, em todos os lugares e meios.

O importante é não se contentar com o básico, seja desafiado sempre a saber, conhecer, ter informações, se relacionar, interagir e comunicar, para que possa compartilhar o resultado da sua curiosidade.

Com o avanço das tecnologias e principalmente a IA, ser curioso te manterá sempre um conhecedor.

> **Somente a curiosidade nunca envelhece conosco e fica sempre criança.**
>
> — Emanuel Wetheimer

Você tem sido bastante curioso?

COMO NÃO IR À ESCOLA

Protagonismo, eu posso?

No sentido figurado, protagonista é a pessoa que desempenha ou ocupa o papel principal numa obra literária ou num acontecimento.
Mas todos podemos ser protagonistas de nossas vidas e para tal podemos:

Ter um objetivo claro.
Ter espaços de comunicação amplos.
Ter um ideal que ajude a se manter leal às pessoas e ao objetivo.
Ter a possibilidade de mudar durante as experiências.
Ter coragem.
Ter inteligência, criatividade, senso crítico.
Transmitir confiança.
Ser empático.
E...

Agora, vamos usar a imaginação.
Em qual livro você seria o herói ou a heroína?

Você é o personagem principal da sua vida.
Você é quem realiza as escolhas.
Você define os caminhos e se resolver mudar...
ESTÁ TUDO BEM!

" Há muito tempo percebi que as pessoas realizadoras, raramente ficavam em compasso de espera, deixando que as coisas acontecessem com elas. Na verdade, elas aconteciam para as coisas. "

Elinor Smith*

*Primeira piloto de testes.

Conseguir resolver problemas, será?

É a habilidade que possibilita ao indivíduo encontrar soluções para os problemas de forma eficiente e eficaz.

Esta é uma competência muito importante para te ajudar no dia a dia e tem sido considerada fundamental para este mundo hiperconectado.

Primeiro, procure reconhecer o problema. Estude-o detalhadamente, busque saber onde ele começou, que consequências trouxe e o que pode provocar no futuro.

==De dentro do problema você será capaz de achar uma solução.==

Observe-o de vários ângulos, ou seja, procure ter uma visão ampla.

==Não tente resolver sozinho seu problema. Compartilhe com pelo menos uma pessoa. Pensem juntos.==

Pense em diferentes soluções.

Faça uma lista, um diagrama, um desenho...

Procure testá-las aos poucos ou com problemas semelhantes.

Procure aplicar a solução.
Analise o resultado.

E, se precisar, busque nova solução...

{Para resolver situações problema?}

Para achar soluções, as nossas dicas são:

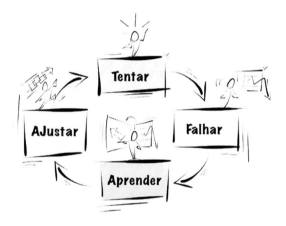

E sugerimos que nunca seja assim...

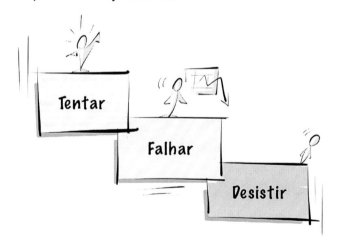

E você já pensou...

Se algo der errado?
Se as coisas ficarem difíceis?
Se você for quem for?
Se os seus pensamentos e suas ideias forem diferentes?
Se resolver mudar?
Se quiser chorar?
Se quiser rir alto?
Se suas roupas forem diferenciadas?
Se for uma pessoa que escolhe o meio ambiente?

Gostaríamos de deixar neste livro três palavras que serão superimportantes em todos seus dias.

"ESTÁ TUDO BEM!"

> **Se não transformarmos o saber em educação desenvolvendo competências, não fica. Não se aprende.**
>
> José Pacheco

Como uma aprendizagem real, atual e redesenhada pode te ajudar?

Oferecendo diferentes oportunidades de aprender, quando:

Recebe o conhecimento de um especialista.

Interage, dialoga, escolhe materiais, resolve desafios e tem apoio.

Compartilha, comunica, busca informações atualizadas, define sua rota, faz suas escolhas.

Vivencia experiências reais ou imersivas desafiadoras de forma individual ou coletiva.

Utiliza das tecnologias para personalizar a aprendizagem.

Se comunica, troca ideias, defende opiniões num espaço de respeito e igualdade.

Sonha.

Desenha FUTUROS.

Agora, complete você...

Nos conte! Esperamos nas redes.

Mas precisamos entender de política hoje em dia?

A palavra "política" deriva do grego *"polis"*, que significa cidade.

Segundo Aristóteles, a importância da política era buscar descobrir como viver até alcançar a felicidade.

Cada vez mais torna-se necessário o fortalecimento da cidadania, do coletivo, do social e muito mais.

Na sua vida será relevante discutir sempre sobre esses assuntos entre grupos, em todas as esferas: Estado, sociedade civil, famílias e cidadãos.

Para que a política faça parte de sua vida, viva experiências de práticas democráticas, que te façam explorar os conceitos de liberdade, solidariedade, coletividade e colaboração.

Tudo é política, e compreendê-la vai além do senso comum, de ter uma opinião sem fundamento ou mesmo acreditar em fake news.

"A política passa incessantemente pelo conflito entre realismo e utopia."

Edgar Morin

"
O que destrói a humanidade?
Políticos sem princípios;
Prazer sem compromisso;
Riqueza sem trabalho;
Sabedoria sem caráter;
Negócios sem moral;
Ciência sem humanidade;
Oração sem caridade.
"

Mahatma Gandhi

Como devem ser as relações humanas?

Cada vez mais torna-se fundamental que todos busquem respeitar os indivíduos, as ideias, percepções e atitudes das outras pessoas, para que possamos viver em harmonia e segurança.

Violência, bullying, ofensas e discriminação, são atitudes que não podem fazer parte das relações humanas. Nunca foi tão importante buscarmos equilíbrio, igualdade, respeito, compaixão e bondade.

Você está conosco nessa busca?

" **A violência, seja qual for a maneira como ela se manifesta, é sempre uma derrota.** "

Jean-Paul Sartre

Por que não podemos ser todos iguais?

Cada pessoa é única. Isto é incrível! Todos temos detalhes só nossos, que ninguém mais tem.

Não podemos ser privados de nossos direitos por nenhum motivo ou qualquer escolha durante nossas vidas.

Veja que dado relevante: foi só no dia 3 de novembro de 1932 que foi instituído o Direito de Voto da Mulher no Brasil. Demorou muito, não acha?

Essa iniciativa é de suma importância para avançarmos em direção a uma sociedade mais justa e igualitária. Embora já tenhamos feito progressos, ainda há muito a ser feito para abordar não apenas as questões relacionadas às mulheres, mas também outras que enfrentam discriminação, muitas vezes de forma sutil. É fundamental que cada um de nós reconheça seu papel nesse processo e adote atitudes que promovam e garantam os direitos de todos. Somente por meio do esforço coletivo e da ação contínua conseguiremos construir um futuro onde a equidade e o respeito sejam verdadeiramente universais.

> Recusar à mulher a igualdade de direitos em virtude do sexo é denegar justiça a metade da população

Bertha Lutz

Não aceite qualquer tipo de discriminação. Seja um agente de respeito, cidadania, compaixão e humanidade.

O meio ambiente é parte de você?

Estamos todos envolvidos neste desafio, cuidar de quem sempre cuidou de todos nós, nosso planeta Terra.

Têm sido constantes as mudanças climáticas! A sustentabilidade e principalmente o papel de cada um nas ações diárias para apoiar a reconstrução e a manutenção dos elementos fundamentais: a água, o solo, o ar e as condições básicas de qualidade de vida, são o desafio.

Busque saber como você pode ajudar no desenvolvimento da agenda 2030 da ONU, são 17 Objetivos de Desenvolvimento Sustentável (ODS), que procuram suprir os desafios ambientais, políticos e econômicos mais urgentes que nosso mundo enfrenta.

Mas 2030 está chegando e o que foi feito?

Muitas pesquisas, levantamento de dados.

Alguns documentos assinados, umas empresas mais conscientes, as pessoas mais cuidadosas, bons resultados em determinadas áreas, mas será suficiente?

Faça sua parte, com pequenas ações do dia a dia, pois podemos colaborar para a mudança que se faz tão necessária.

"As condições necessárias para garantir a sobrevivência humana (ou, ao menos, para aumentar suas probabilidades) deixou de ser divisível e 'localizável'. O sofrimento e os problemas de nossos dias têm, em todas as suas múltiplas formas e verdades, raízes planetárias que precisam de soluções planetárias."

Zygmunt Bauman – Vida Líquida

> "Eu sou o que me cerca. Se eu não preservar
> o que me cerca, eu não me preservo."
> José Ortega

Cuide de você, dos seus, da sua cidade, do seu planeta, de nós!

Gosto de contar histórias, então...

Era uma manhã fria e nevoenta quando um grupo de jovens se aventurou numa caminhada na densa floresta. Cada um deles possuía habilidades únicas. Marcos, o líder, tinha um sentido impecável de direção. Ana, a estrategista, sabia escolher os melhores caminhos. João, o forrageiro*, identificava os alimentos seguros e nutritivos. E Carla, a guardiã da água, mantinha todos hidratados.

A jornada estava tranquila até que um deles, Lucas, que aparentemente não possuía nenhuma habilidade específica, perguntou:

— O que precisamos aprender?

O silêncio tomou conta do grupo. Continuaram caminhando, mas a pergunta pairava no ar, inquietante. Lucas não desistiu:

— Pessoal, afinal, o que precisamos aprender?

Relutantemente, os amigos começaram a sugerir hipóteses:

— Talvez possamos aprender a andar melhor — disse Marcos.

— Ou escolher os caminhos mais adequados — completou Ana.

— Talvez devêssemos nos localizar melhor — sugeriu João.

— Cuidarmos do nosso corpo, da natureza e de nossas mentes — ponderou Carla.

À medida que caminhavam, as ideias fluíam:

— Vamos aprender sobre as folhas, as plantas, as aves, as pedras, a terra, o céu, a água, as pessoas...

No entanto, a caminhada tomou um rumo inesperado. A floresta, antes amigável, tornou-se um labirinto hostil. Sons desconhecidos ecoavam entre as árvores e a escuridão da noite se aproximava rapidamente. A tensão crescia e o grupo se via cada vez mais perdido.

De repente, uma tempestade começou a se formar. Relâmpagos cortavam o céu e o vento uivava sinistramente. Os jovens, agora desorientados e com medo, procuraram abrigo. Em meio ao caos, Lucas tomou a palavra novamente:

— Pessoal, precisamos parar e pensar. Não adianta darmos respostas sem reflexão. Precisamos aprender a fazer boas perguntas.

Todos se reuniram em torno de uma fogueira improvisada, protegida por rochas. Lucas continuou:

— As perguntas certas podem nos guiar, mesmo na escuridão. Que tipo de árvore pode nos oferecer abrigo? Quais sinais indicam um caminho seguro? Como podemos usar nossas habilidades de forma conjunta para superar os desafios?

O grupo percebeu que não era apenas sobre o conhecimento individual, mas sobre a sabedoria coletiva e a capacidade de questionar e compartilhar. Motivados, começaram a discutir novas perguntas. E, como mágica, as respostas surgiam: construíram um abrigo seguro, encontraram alimentos e água, e, guiados pelo espírito colaborativo, reataram o caminho certo.

Ao amanhecer, a tempestade havia passado e um arco-íris adornava o céu. A jornada pela floresta não era mais apenas uma caminhada, mas uma aventura de aprendizagens e união. Eles entenderam que a sabedoria não reside apenas nas respostas, mas nas perguntas que nos fazem avançar juntos.

Agora é sua vez. Quer criar uma história?
Perguntar?

Quais são suas perguntas? Nos conte nas redes.

> **Viva como se fosse amanhã. Aprenda como se fosse viver para sempre.**
>
> — Mahatma Gandhi

Vamos fazer um desafio!

Os 5 porquês...

Responda, por texto, imagem, ilustração, vídeo, podcast, TikTok... e nos conte!

Nos marque em suas redes sociais.

Por que precisamos aprender sobre como estudar em qualquer tempo e lugar?
Por que precisamos ser diferentes em nossos comportamentos?
Por que o mundo está mudando?
Por que é importante lembrar que cada um é único?
Por que estou em mundo hiperconectado, sou diferente?

> **Em uma aula nada se aprende. Aprendemos quando criamos um vínculo cognitivo, afetivo, emocional, ético, estético, espiritual.**
>
> — José Pacheco

Como não ir à escola?

Nos conte suas percepções e descobertas!
Desenhe, escreva, publique, descreva...

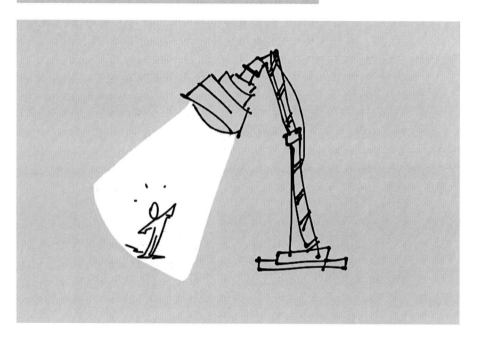

Aprender é um ato de CORAGEM, para saber mais e para que você possa ser transformado e assim possa construir uma vida repleta de desafios, aventuras e vitórias.

POSFÁCIO

Olá! Agora que estamos terminando o livro, quero te contar um pouco sobre como tudo começou.

Eu sou a Katia Ethiénne, a criadora deste livro que nasceu no meu coração e foi crescendo na minha alma, pois acredito que nos desafiarmos a responder perguntas possa ser um diferencial tanto na minha vida, na sua e nos contextos em que vivemos.

Quando eu tinha 16 anos, eu iniciava minha trajetória como educadora. Desde aquela época já se passaram mais de 42 anos e eu sempre me diverti muito. Procurei trazer para os momentos da sala de aula ou para qualquer outra função que exerci muita criatividade, muitos desafios e ideias inovadoras, procurando sempre envolver os estudantes, permitindo que eles criassem suas hipóteses, buscassem soluções e se divertissem aprendendo.

Sempre foi muito fácil para mim agir assim em sala de aula ou mesmo em outros momentos em que trabalhei criando tecnologias educacionais, desenvolvendo projetos para implantação de tecnologias em diferentes municípios e estados do Brasil, coordenando cursos, criando outros, dando palestras ou realizando workshop. Estar envolvida na Educação sempre foi muito prazeroso e continua sendo até hoje.

Durante todo esse meu percurso de trabalho na Educação Básica, no Ensino Superior, na formação de professores, na Educação a Distância, na tutoria de cursos, como coordenadora e pesquisadora, eu fui percebendo o quanto é valioso refletir e tentar responder a algumas perguntas.

E ter perguntas é tão fantástico, motivador e um grande propósito de vida, pois nos dá espaço para buscar sempre.

Somos educadores em diferentes tempos, como: avós, pais, irmãos, filhos, padres, pastores, políticos, professores, youtubers, tiktokers, vídeo influencers, e muito mais. Em algum momento estamos ensinando alguém ou aprendendo com alguma pessoa e isso é fundamental, principalmente em um mundo que muda o tempo todo, como o nosso.

Pense em uma vida hiperconectada com as redes sociais, tecnologias, inovações diárias, inteligência artificial (que também está aprendendo), na verdade podemos dizer que todos aprendemos, não é?!

Para nós, com certeza, é fundamental aprender todos os dias.

Revendo todo esse tempo na área de Educação, um dia, em um almoço de família, eu conversava sobre alguns temas que me provocavam, comentando sobre esses pensamentos e sobre essas reflexões relacionadas aos meus estudos, a minhas pesquisas e a minhas experiências, quando, de repente, na mesa onde estava toda minha família, surgiu a pergunta: **como não ir à escola?**

Aí todos começaram a rir na mesa, foi um momento interessante... Como eu, uma educadora, com tantos anos nessa área, que valoriza tanto a aprendizagem, falando como não ir à escola, como seria possível? Meu filho disse: "escreve um livro!".

Nesse momento, minha cabeça começou a ferver de ideias e tive a certeza de que precisávamos falar sobre esse tema que está na vida de todos. Trouxe, então, para neste livro algumas perguntas relacionadas à construção de uma visão sobre a aprendizagem ao longo da vida, na escola ou onde escolhermos.

Como não ir à escola, então...

Vamos ver um pouco mais sobre esse título?

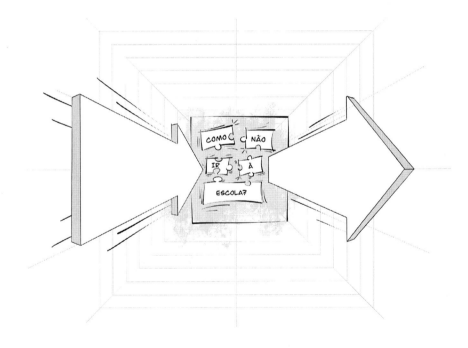

COMO? Como?

Origem da palavra COMO: etim. latim. *quōmŏdo*

Palavras que têm o mesmo sentido que a palavra COMO: de que modo, de que maneira, de que forma, de que jeito, dado que, visto que, já que, de acordo, em concordância com... Entre outros sinônimos, que nos mostram que temos muito que buscar.

O importante é pensarmos em COMO vamos viver! COMO alcançar o equilíbrio entre as diversas áreas da vida cotidiana: trabalho, saúde corporal e mental, espiritualidade, relações interpessoais, lazer, uso das tecnologias e muito mais.

" **Não penso em trabalho como trabalho e em diversão como diversão. Isso é tudo parte da vida.** "

SIR Richard Branson

É interessante saber como a palavra COMO é dita em alguns idiomas: HOW em inglês, CÓMO em espanhol, WIE em alemão, CONAS em irlandês, MITEN em finlandês, COMMENT em francês, COME em italiano...

O COMO é a busca por respostas, ideias, proposições, caminhos, escolhas da jornada e é tempo de descobrir este COMO...

> **Você não tem COMO controlar o que os outros dizem de você, mas pode controlar como decide interpretar esses comentários e sem dúvida tem o poder de controlar as coisas que diz a si mesmo.**

TED Talk, intitulado "The Power of Rewriting Your Story".
Lori Gottlieb

Não é não mesmo?

A palavra NÃO deriva do latim *"non"*, partícula negativa por oposição ao sim.

Palavras e expressões que têm o mesmo sentido que a palavra **NÃO**: nada, negativo, de jeito nenhum, nunca, jamais, de maneira nenhuma, entre muitas outras...

E temos que entender bem este **NÃO**! Em cada momento, na forma que for falado, no que expresse.

Imagine que está viajando por alguns países e precisa dizer **NÃO** em alguns idiomas. Como seria?

No - Itália	Non - França	No - USA	El - Finlândia

Gosta de dizer "não"?
Muitas vezes é necessário, para nos posicionarmos, nos defendermos, ou até mesmo para não vivenciarmos algo que não desejamos.

> **Só porque não é possível atribuir valor quantificável à magia, não quer dizer que ela não exerça um papel poderoso na Disney e em outras empresas ao redor do mundo.**

Michael D. Eisner

O jeito Disney de encantar os clientes.
Agora, tente ler a frase sem as palavras **NÃO**.
O que achou?
Escreveria de outra forma para ter o mesmo sentido, mas sem a palavra "não"?
Fica melhor?
Que tal assim?

Ainda que seja difícil atribuir valor quantificável à magia, ela exerce um papel poderoso na Disney. Essa magia é fundamental para criar experiências memoráveis e emocionantes, que cativam e encantam pessoas de todas as idades, pois por meio dela, a Disney consegue estabelecer uma conexão profunda com seus visitantes, transformando interações comuns em momentos inesquecíveis.

Tente ser propositivo, usando mais questões que afirmam e valorizam, pode ser muito interessante. Ao focar em aspectos positivos e construtivos, você destaca as qualidades e pontos fortes e incentiva um ambiente de crescimento e colaboração. Essa abordagem pode inspirar os outros, promover a criatividade e fortalecer a confiança.

É preciso aprender a dizer SIM para o NÃO!

É preciso aprender a dizer NÃO para o SIM!

Você diz sim para tudo?

Faça boas escolhas entre o SIM e o NÃO na sua vida, tente não perder boas oportunidades e procure viver algumas aventuras especiais.

Ir, ir, ir...

"Tenso andando em direção ao cais senti que aqueles seriam os meus últimos passos em terra firme. O cheiro do Porto no escuro, a areia quente sob os pés, os vagões enferrujados, o barulho de vozes humanas — quando novamente? Não sabia, e tampouco importava naquele momento. Estava nervoso, impaciente, desesperado para ir embora."

Amyr Klink
Cem dias entre céu e mar

O verbo **IR** deriva do latim *"ire"*, com sentido de seguir adiante, avançar.

Veja como essa palavra é forte, pois significa: caminhar, avançar, movimentar-se, orientar-se, apresentar-se, partir, seguir, andar, mudar, desenvolver-se e muito mais...

IR é a mola propulsora deste livro e da nossa vida. E como imaginamos você viajando em suas ideias, pensamentos e conhecendo outras culturas, um movimento intenso...

Itália – Andare	Inglaterra – Go

Alemanha – Gehen	Turquia – Git

> **Vencer sem correr riscos é triunfar sem glórias!**
> Ayrton Senna

Chegou a hora de você IR em busca de aprender mais, dividir seus conhecimentos, lutar por causas importantes, cuidar da sustentabilidade do planeta, procurar a igualdade, realizar seus projetos, viver com propósito, alcançar sucesso, ter saúde e muito mais...

COMO fará?

Tem muitos caminhos a percorrer, e se errar, ESTÁ TUDO BEM, comece de novo, seja resiliente, protagonista, curioso, comunicativo, companheiro, tenha compaixão e faça o bem. Se vai aprender na escola, na Universidade, com os livros, com os amigos, na sua "bolha", com outras gerações, num bate-papo, com as inteligências artificiais, nos jogos, no metaverso, na família, no clube, na igreja, viajando, trabalhando, resolvendo desafios, aonde for, realmente não importa, o que vale é buscar cada vez mais seu desenvolvimento de forma integrada e humanizada.

Este é o segredo...

> **Nada na vida deve ser temido, é apenas para ser entendido. Agora é a hora de se entender mais, para que possamos ter menos medo.**
>
> Marie Curie

ESCOLA, sim ou não?

As escolas, sejam elas formais ou informais, físicas ou virtuais, são ambientes onde construímos as bases do nosso saber, desenvolvemos nossas competências e ampliamos nossa visão de mundo.

Imagine que a "escola" é muito mais que um edifício, podemos dizer que é um conceito, que visa oportunizar experiências, interações e aprendizagens em diversos contextos e momentos da vida.

> **Educação não é preparação para a vida; educação é a própria vida.**
> John Dewey

Ao longo deste livro, exploramos como aprender em todo tempo e lugar, com uma visão voltada às competências do século XXI, a inteligência artificial, as tecnologias imersivas, a construção do indivíduo, e para concluir, é essencial reconhecer que "aprender" está em constante evolução.

Ao final deste percurso, que é para ser apenas o início...

> **Não importa onde ou como você aprende, o importante é a jornada contínua de crescimento e descobertas, pois a verdadeira "escola" está dentro de cada um de nós, na curiosidade insaciável, na busca por respostas, na coragem de fazer perguntas e na vontade de aprender sempre.**

Katia Ethiénne, sua autora

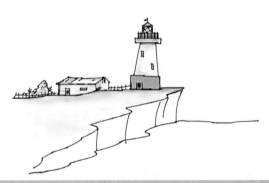

Abrace cada oportunidade de aprendizagem, onde quer que esteja, e lembre-se de que o mundo inteiro é uma grande "escola".

{Como não ir à escola?}

**Nos conte suas percepções e descobertas!
Desenhe, escreva, publique, crie...**

Aprender é um ato de CORAGEM, para saber mais e para que você possa ser transformado e assim possa construir uma vida repleta de desafios, aventuras e vitórias.

Esperamos que tenha gostado desta aventura de...

COMO NÃO IR À ESCOLA

Vamos continuar nossa jornada?
Te espero no próximo livro...
Vamos falar sobre futuros, que tal?
Será incrível, não perca!